SUSTAINABLE DEVELOPMENT GOALS 어린이가 꼭 알아야 할 지속가능발전목표

슬기로운 지구 생활

02 청정에너지

글 새런 테일러 | 그림 엘리사 로치
옮김 김영선 | 감수 윤순진

다섯
어린이

지속가능발전목표
다산북스는 유엔의 지속가능발전목표를 지지합니다.

2015년 유엔(UN, 국제연합)은 지구와 우리의 삶에 영향을 미치는 가장 심각한 문제들을 해결하기 위해 '지속가능발전목표'를 세웠어. '지속가능발전'이란 미래를 위해 환경을 보호하고 사회·경제적 자원을 낭비하지 않으면서 현재의 우리 삶을 더 좋은 방향으로 발전시키는 것을 말해. 이를 위해 전 세계가 2016년부터 2030년까지 달성할 17가지 목표를 정한 거야. 지속가능발전목표는 국가뿐 아니라 시민 하나하나가 일상생활에서 노력해야 이룰 수 있어.

지구 환경을 파괴하는 화석연료 대신 청정에너지를 더 많이 사용하려면 어떻게 해야 할까?

슬기로운 지구 생활을 위해!

- 모든 사람에게 현대적이고 안전한 에너지를 비싸지 않은 가격으로 제공하기.
- 전 세계적으로 재생에너지의 생산량과 사용량을 늘리기.
- 재생에너지와 에너지 효율, 청정에너지 등과 관련된 기술을 발전시키기. 이를 위해 전 세계가 지식을 나누고 협력하기.
- 청정에너지를 이용해 만든, 현대적이고 지속 가능한 전력을 누구나 이용할 수 있도록 가장 가난한 나라의 에너지 생산 기술과 시설을 개선하기.

차례

6-7	에너지 권리
8-9	에너지가 없다면
10-11	화석연료는 위험해
12-13	탄소 발자국
14-15	재생에너지
16-17	전기가 필요해
18-19	대기 전력
20-21	에너지와 산업
22-23	파도와 조수
24-25	고갈되는 화석연료
26-27	냉난방 장치
28-29	환경을 오염시키는 연료
30-31	생태 도시의 삶
32	성공적인 모범 사례
33	찾아보기

에너지 권리

우리는 매일 에너지를 사용해. 요리할 때도, 집을 따뜻하게 할 때도, 기계를 돌릴 때도 에너지가 필요하지. 그런데 전 세계의 모든 사람이 필요할 때마다 항상 에너지를 쓸 수 있는 건 아니야. 게다가 깨끗하지 않거나 안전하지 않은 에너지도 많단다.

현대식 전기를 쓰지 못하는 사람이 전 세계에 약 7억 9,000만 명이나 있어.

이 중 약 5억 4,800만 명이 아프리카 대륙에 살고 있지.

꼭 천연자원이 모자라서 전기가 부족한 건 아니야. 자원이 풍부해도 전기를 생산할 시설과 능력이 없는 나라가 많거든.

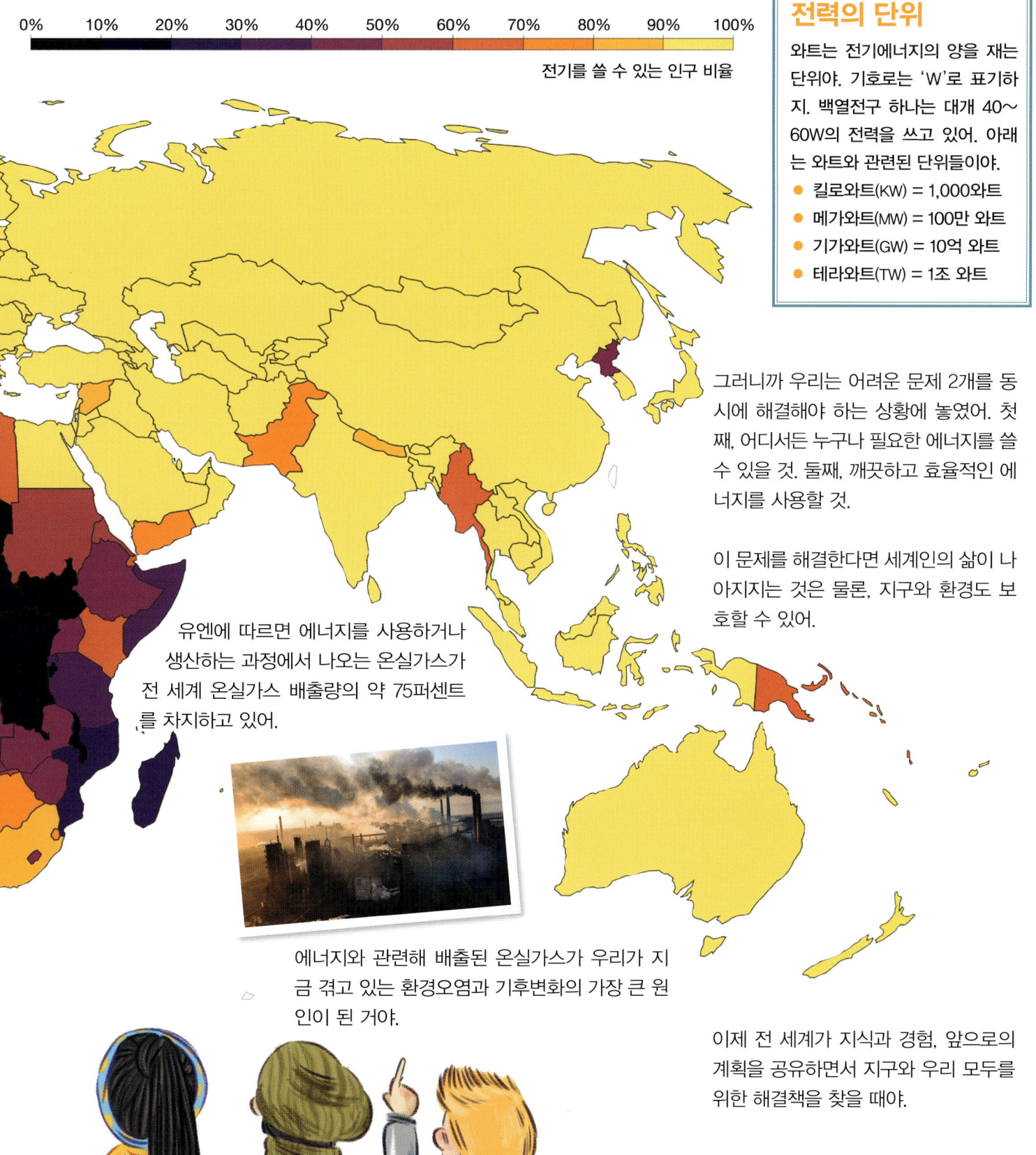

0% 10% 20% 30% 40% 50% 60% 70% 80% 90% 100%

전기를 쓸 수 있는 인구 비율

전력의 단위

와트는 전기에너지의 양을 재는 단위야. 기호로는 'W'로 표기하지. 백열전구 하나는 대개 40~60W의 전력을 쓰고 있어. 아래는 와트와 관련된 단위들이야.

- 킬로와트(KW) = 1,000와트
- 메가와트(MW) = 100만 와트
- 기가와트(GW) = 10억 와트
- 테라와트(TW) = 1조 와트

그러니까 우리는 어려운 문제 2개를 동시에 해결해야 하는 상황에 놓였어. 첫째, 어디서든 누구나 필요한 에너지를 쓸 수 있을 것. 둘째, 깨끗하고 효율적인 에너지를 사용할 것.

이 문제를 해결한다면 세계인의 삶이 나아지지는 것은 물론, 지구와 환경도 보호할 수 있어.

유엔에 따르면 에너지를 사용하거나 생산하는 과정에서 나오는 온실가스가 전 세계 온실가스 배출량의 약 75퍼센트를 차지하고 있어.

에너지와 관련해 배출된 온실가스가 우리가 지금 겪고 있는 환경오염과 기후변화의 가장 큰 원인이 된 거야.

이제 전 세계가 지식과 경험, 앞으로의 계획을 공유하면서 지구와 우리 모두를 위한 해결책을 찾을 때야.

에너지가 없다면

에너지는 무엇인가를 움직이는 힘이야. 사람이 음식을 먹어야 일도 하고 놀 수 있는 것처럼 세상은 에너지가 있어야 돌아가지. 에너지에는 석유, 석탄, 천연가스 등의 화석연료와 풍력, 태양열, 지열, 수력처럼 계속 사용해도 사라지지 않고 다시 공급되는 재생에너지, 그리고 원자력이 있어. 이처럼 자연 상태에서 직접 얻을 수 있는 에너지를 1차 에너지라고 해.

1년 동안 전 세계에서 1차 에너지를 이용해 공급되는 전력은 약 16만 2,494테라와트야. 에너지가 없다면 우리의 일상은 모두 멈추고 말 거야.

석탄, 토탄, 셰일 27%

천연가스 22%

에너지가 있어야 깨끗한 물을 사용할 수 있고

전등도 켤 수 있고

건강도 관리할 수 있고

전 세계에서 1차 에너지를 가장 많이 쓰는 나라는 중국이야. 중국은 1차 에너지 중에서도 석탄을 가장 많이 생산하고 사용하지. 그리고 미국은 1인당 에너지 소비량이 많은 나라 중 하나이고, 사우디아라비아와 캐나다, 러시아, 인도도 에너지를 많이 쓰고 있어.

교통수단과 다양한 기계를 움직이려면 에너지가 많이 들어. 그런데 대부분의 기계는 대기에 해로운 물질을 내뿜는 화석연료를 사용하고 있어. 실제로 지난 50년 동안 교통 및 운송과 관련된 산업에서 배출되는 온실가스의 양이 2배 이상 늘었단다.

교통수단과 기계도 움직일 수 있고

컴퓨터와 통신 기술을 이용할 수 있고

석유 32%

기타 재생에너지 2%

수력 2.5%

원자력 5%

바이오연료 9.5%

직업을 갖거나 사업도 할 수 있고

현대적이고 안전한 에너지가 없으면 삶의 질이 떨어질 거야. 깨끗한 물과 신선한 음식을 구하기 위해 몇 시간을 허비해야 하고, 건강도 나빠지고, 해가 지면 일이나 공부를 할 수 없겠지. 여행을 다니거나 회사를 운영하는 것도 어려워질 테고.

가전제품도 쓸 수 있어.

유엔의 지속가능발전목표 중 일곱 번째 목표는 더 깨끗하고 지속 가능한 방법으로 에너지를 생산해서 적당한 가격에 공급하는 거야. 유엔은 이 목표를 달성하기 위해 우리 모두 적극적으로 노력해야 한다고 강조하고 있어.

화석연료는 위험해

우리는 대부분 수백만 년에 걸쳐 만들어진 화석연료에서 에너지를 얻고 있어. 석탄 같은 화석연료는 한 번 쓰면 다시 사용할 수 없기 때문에 재생 불가능 에너지라고 부르지. 화석연료는 탈 때 사람의 건강을 해치고 지구온난화를 일으키는 위험한 가스를 내뿜는단다. 그래서 많은 나라가 사람과 지구를 보호하기 위해 깨끗하고 재생 가능한 에너지원을 사용하려고 노력 중이야.

화석연료를 태우면 아황산가스와 이산화탄소 같은 해로운 가스가 나와. 이런 가스는 대기에 너무 많은 열을 가두어서 결국 심각한 환경문제와 기후변화를 일으키지.

화력발전소에서 석탄을 태워 전기를 만들 때도 해로운 오염물질이 흘러나와. 배와 비행기, 대형 트럭, 승용차 등에서 새어 나오는 기름과 배기가스 또한 환경에 피해를 입히고 있어.

유엔의 지속가능발전목표를 달성하려면, 모든 나라가 유해 물질을 내뿜는 기계를 사용하는 데 드는 비용을 올려서 화석연료의 사용을 최대한 빨리 줄여야 해.

세계인 중 약 30억 명이 나무나 석탄, 숯과 가축의 배설물을 이용해 요리하고 난방 문제를 해결하고 있어. 그런데 이런 연료를 실내에서 태울 때 유독한 가스가 흘러나와서 해마다 수백만 명이 죽고 있어. 집에 있는 시간이 많은 여성과 어린이가 특히 더 위험하겠지? 그러니 하루라도 빨리 더 안전하게 요리하는 방법을 찾아야 해.

한 번 더 생각해 보기

다음은 이산화탄소를 많이 배출하는 10대 국가야.
- 중국 : 100억 6,500만 톤 이상
- 미국 : 54억 1,600만 톤 이상
- 인도 : 26억 5,400만 톤 이상
- 러시아 : 17억 1,100만 톤 이상
- 일본 : 11억 6,200만 톤 이상
- 독일 : 7억 5,900만 톤
- 이란 : 7억 2,000만 톤
- 한국 : 6억 5,900만 톤
- 사우디아라비아 : 6억 2,100만 톤
- 인도네시아 : 6억 1,500만 톤

화석연료 대체 노력 넷

지구온난화가 더 심해지는 것을 막으려면 빨리 행동에 나서야 해. 그 첫걸음은 더 깨끗한 에너지를 사용하는 거야.

1. 많은 나라가 화석연료 산업을 재정적으로 지원하던 것을 줄이고, 지속 가능한 에너지의 생산을 돕고 있어. 특히 선진국에서는 석탄을 사용하는 화력발전 대신 맑고 깨끗한 태양광발전으로 차근차근 바꿔 나가는 중이야.

2. 2011년에 설립된 '아프리카 지속가능에너지기금'은 아프리카를 위한 지속 가능 에너지를 개발하기 위해 여러 나라가 함께 마련한 자금이야. 아프리카개발은행이 기금 9,500만 달러를 관리하고 있어.

3. 자동차는 이제 화석연료인 석유로만 움직이지 않아. 전기와 태양광, 심지어 공기로 움직이는 자동차도 있거든. 깨끗하고 재생할 수 있는 에너지원으로 전기를 만들면 공기가 맑아지는 데 도움이 되지. 더불어 전기 자동차를 타는 사람이 많아질수록 이산화탄소 배출량이 엄청나게 줄어들 거야.

4. 태양 전지판으로 전기를 만드는 인덕션레인지가 있으면 5인 가족의 하루 세 끼 식사도 거뜬히 준비할 수 있어. 태양에너지를 배터리에 저장할 수 있어서 밤이나 흐린 날에도 요리할 수 있지. 게다가 해로운 가스가 나오지 않으니 실내에서 사용해도 완벽하게 안전하단다.

11

탄소 발자국

사람의 활동이나 제품을 생산하고 사용하며 폐기하는 모든 과정에서 발생한 온실가스, 특히 이산화탄소(또는 탄소)의 총량을 탄소 발자국이라고 해. 우리가 걸어 온 길에 발자국이 남듯이 사람의 모든 활동이 탄소를 배출해 흔적을 남기기 때문에 이런 이름을 붙인 거야. 탄소 발자국은 우리가 집이나 학교, 직장에서 이산화탄소를 얼마나 많이 만들어 내는지 보여 주지.

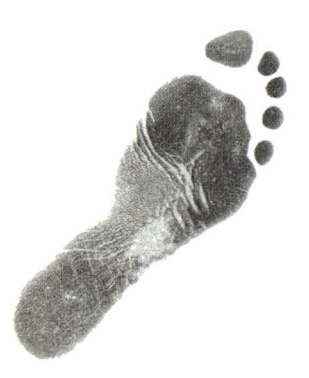

탄소 발자국은 1년 동안 발생시키는 이산화탄소의 양을 무게로 표시해. 개인은 물론 가정과 지역사회, 단체가 배출한 이산화탄소의 양을 측정할 수 있어.

탄소를 줄이자!

우리가 조금만 노력해도 탄소 발자국을 줄일 수 있어. 탄소를 완전히 제거할 수는 없지만 작은 실천이 큰 차이를 만들 거야. 탄소를 적게 발생시키는 것은 우리 모두의 책임이야. 탄소 배출량을 줄일 많은 방법이 있단다.

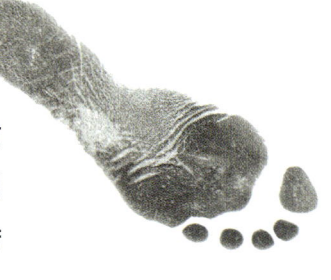

등교할 때 차를 타지 않으면 온실가스의 배출량과 환경오염이 크게 줄어들 거야. 그러면 숨 쉬는 공기가 맑아져서 환경뿐만 아니라 우리의 건강도 아주 좋아지겠지?

걷기, 자전거 타기, 대중교통 이용하기!

일회용 플라스틱은 잘 썩지 않을 뿐더러 재활용하더라도 그 과정에서 많은 에너지가 사용돼. 일회용품을 대체할 지속 가능한 물건도 많으니 한번 찾아 보자.

비닐봉지 대신 장바구니 사용하기!

불을 끄고, 쓰지 않는 가전제품의 플러그를 뽑기!

분리배출만 잘해도 많은 쓰레기를 재활용할 수 있어. 음식물 쓰레기를 태우거나 땅에 묻으려면 에너지를 많이 써야 하지만, 퇴비(거름)로 만들면 에너지도 절약하면서 가치하게 쓸 수 있지.

쓰레기 분리배출하기!

컴퓨터, 텔레비전 등 가전제품을 쓰지 않을 때 플러그를 뽑으면 에너지를 아끼고 탄소 발자국도 줄일 수 있어. 게다가 전기료도 아낄 수 있지. 전 세계 모든 사람이 전구를 에너지 효율이 높은 것으로 바꾸면 해마다 1,200억 달러나 절약할 수 있어.

종이를 아끼자!
꼭 필요할 때만 프린터로 인쇄하자. 종이를 낭비했다면 나무를 심는 것은 어떨까?

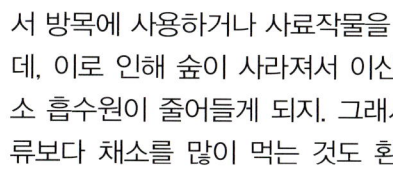
채소를 더 많이 먹기!

육류와 유제품의 원료를 제공하는 소나 양은 되새김질을 하면서 메탄을 아주 많이 배출해. 또 사육을 위해 숲을 베어 내서 방목에 사용하거나 사료작물을 심는데, 이로 인해 숲이 사라져서 이산화탄소 흡수원이 줄어들게 되지. 그래서 육류보다 채소를 많이 먹는 것도 환경에 도움이 된단다.

중고 물건을 구매하기!

물건을 새로 만들 때도 에너지가 많이 들어. 그러니까 새 물건 대신 중고품을 사면 에너지를 절약하고 탄소 발자국을 줄일 수 있어.

지구의 대기에 이산화탄소가 적을수록 모든 생명체가 살기에 더 좋은 환경이 된단다.

재생에너지

재생이 불가능한 에너지원은 결국 고갈되기 때문에 재생에너지를 더 많이 사용해야 한단다. 그리고 우리 자신과 환경을 보호할 수 있도록 재생 불가능 에너지를 더 깨끗하고 효율적인 에너지로 바꾸는 기술을 개발해야 하지.

태양

- 영원히 사라지지 않는 에너지원이야.
- 태양 전지판으로 햇빛, 즉 태양의 빛 에너지를 모을 수 있어.
- 태양 전지판은 태양의 빛 에너지를 청정한 전기로 바꾸는 역할을 하지.
- 직접 배출하는 오염물질이 하나도 없어.

바람

- 바람은 공기의 움직임이야.
- 공기의 양이 많은 곳에서 적은 곳으로 공기가 흐를 때 바람이 불지.
- 풍력발전은 거대한 날개가 바람의 힘으로 돌아가면서 전기를 만드는 거야.
- 풍력발전기는 평야나 언덕, 바닷가처럼 탁 트인 곳에 세워. 대개는 넓은 곳에 여러 개를 함께 건설하는데, 이런 곳을 풍력발전 단지라고 해.
- 풍력발전도 해로운 가스를 내뿜지 않아.

물

- 물의 움직임도 에너지원으로 쓸 수 있어.
- 수력발전은 발전기에 연결된 날개를 물의 힘으로 회전시키며 전기를 생산하는 거야.
- 물이 빠르게 흐를수록 더 많은 에너지를 만들기 때문에 폭포와 댐을 많이 이용하지.
- 수력발전은 재생에너지 전력을 생산할 때 가장 널리 사용하는 방식이야.

지열

- 지열에너지는 땅속의 열을 이용한 에너지야.
- 지표면에서 땅속으로 3미터 내려가면 온도가 항상 섭씨 10~15도 사이를 유지하고 있어.
- 아이슬란드와 이탈리아, 일본, 뉴질랜드 등 여러 나라에서 뜨거운 온천물을 일반 가정에 온수로 공급하고 있어. 뜨거운 물을 이용해 전기를 만들기도 하지.

메탄

- 색도 없고 냄새도 없는 천연가스야. 미생물을 이용해 만들 수 있는 바이오가스이기도 하지.
- 메탄은 에너지를 쓸 때나 농사를 짓고 공장을 돌릴 때 배출되고, 다양한 쓰레기에서도 새어 나와.
- 불이 잘 붙고 위험한 온실가스지만, 메탄이 대기로 빠져나가기 전에 모아 두면 난방을 하거나 불을 밝힐 때 연료로 사용할 수 있어.
- 화석연료보다 조금 더 청정한 에너지원이야.

바이오매스

- 나무, 풀, 잎 등의 식물과 톱밥, 볏짚 같은 농림업 폐기물, 동물의 배설물과 음식물 쓰레기처럼 재생에너지의 자원으로 쓸 수 있는 것을 바이오매스라고 불러.
- 유채처럼 기름이 많은 식물로는 바이오디젤, 옥수수로는 당분을 발효시켜서 바이오에탄올 등의 연료를 만들 수 있어.
- 바이오매스로 쓰이는 농작물은 몇 달이나 몇 년이면 다 자라. 화석연료가 만들어지는 시간에 비하면 무척 짧은 시간이지.

재생 가능한 에너지원은 종류가 다양할 뿐만 아니라 지속 가능성을 따져 봐도 화석연료보다 훨씬 효과적이야. 따라서 바이오매스는 환경과 우리의 미래를 위해 더 바람직한 에너지원이란다.

현재 선진국보다 개발도상국이 재생에너지에 더 많이 투자하고 있어. 하지만 청정에너지를 적당한 가격에 누구나 쓸 수 있게 만든다는 유엔의 지속가능발전목표를 달성하려면 모든 나라가 더욱 노력해야 해.

전기가 필요해

에너지가 필요한 가장 큰 이유 중 하나는 바로 전기야. 전등, 냉장고, 텔레비전, 컴퓨터를 비롯한 다양한 가전제품은 전기가 없으면 사용할 수 없어. 우리가 기본적인 일상생활을 누리려면 전기의 힘이 꼭 필요한 거야. 하지만 지금도 수억 명이 전기 없이 살고 있고, 전기의 66퍼센트 이상은 여전히 화석연료로 생산하고 있단다.

너무 많거나 너무 적거나

도시의 전기 공급 시설에 연결할 수 없을 정도로 멀리 떨어진 마을도 있어. 이곳에 사는 사람들은 전기를 아예 쓰지 못하거나 아주 조금만 사용할 수 있겠지.

반대로 전기를 쉽게 공급받는 가정은 너무 펑펑 써서 문제야. 유엔에 따르면, 전 세계 가정은 에너지의 29퍼센트를 쓰면서 이산화탄소를 만들어 내고 있어. 전체 이산화탄소 배출량의 21퍼센트는 가정에서 발생한 거야.

조명과 오븐, 전자레인지, 냉장고, 세탁기, 건조기와 식기세척기도 전기로 작동하지. 가전제품은 전기를 많이 쓰기 때문에 사용하지 않을 때는 플러그를 뽑고, 에너지소비효율 등급이 높은 제품을 쓰는 것이 좋아. 전기 주전자나 믹서, 토스터, 진공청소기, 커피 머신도 전기를 많이 사용하는 제품이야.

자동차는 거의 생활필수품이 되었어. 이 때문에 화석연료를 너무 많이 사용하자 자동차 업계는 전기로 움직이는 자동차를 만들기 시작했지. 전기 자동차는 휘발유나 경유를 쓰는 차보다 훨씬 낫긴 하지만, 전기 자동차에 쓸 전기를 만들기 위해 화석연료를 사용한다면 결국 이산화탄소 배출량을 늘리는 것과 같아. 따라서 태양이나 바람, 물처럼 재생할 수 있고 친환경적인 에너지원으로 전기를 만들어야 하지.

태양에너지 이용 방법 넷

태양에너지를 모아 맑고 깨끗한 전기를 만들 수 있어.

1. 인도에서는 '레-카르길 태양광발전사업'을 진행하고 있어. 높은 히말라야산맥에 태양광발전 단지를 건설해 7.5기가와트시의 전력을 생산할 계획이야. 이렇게 엄청난 전력을 태양광으로 만들면 해마다 1만 2,750톤의 탄소가 배출되는 것을 줄일 수 있어.

2. 호주는 지붕에 설치하는 태양 전지판과 태양광발전 단지를 이용해 아주 많은 전력을 생산하고 있어. 한편, 싱가포르는 호주와 달리 땅이 넓지 않아. 그래서 선케이블이라는 호주 회사는 싱가포르에 태양광 전기를 수출하는 '호주-아세안 파워링크'라는 사업을 계획하고 있어. 호주의 다윈 지역 남쪽에 큰 태양광발전 단지와 배터리 저장 시설을 건설할 예정이지. 이곳에서 3.2기가와트시의 전력을 생산한 다음 해저케이블을 통해 5,000킬로미터 떨어진 싱가포르로 보내는 거야.

3. 아랍에미리트는 '모하메드 빈 라시드 알막툼 태양광발전 단지'를 건설 중이야. 77제곱킬로미터나 되는 넓은 땅에 태양 전지판을 설치하고 2030년까지 최대 5기가와트시의 전력을 생산하는 것을 목표로 삼았어.

4. 2021년, '스토어닷'이라는 이스라엘 기업은 5분 만에 충전을 끝내고 160킬로미터를 달릴 수 있는 전기 자동차 배터리를 개발했어.

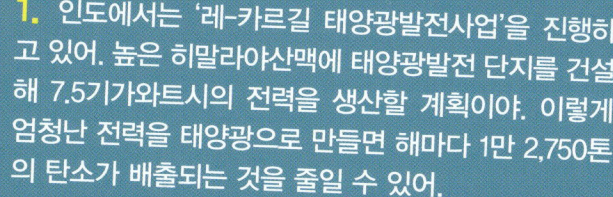

대기 전력

텔레비전, 컴퓨터, 비디오 게임기 등 현대의 많은 가전제품은 전력을 최대한 적게 사용하도록 설계되었어. 하지만 가정에서 사용하는 가전제품의 수가 늘고 있고, 텔레비전 등 일부 기기들은 점점 커지고 있지. 더구나 전자 제품은 작동하지 않을 때에도 플러그가 꽂혀 있으면 전력이 소비된단다.

전원을 끄자

가전제품을 쓴 다음에는 플러그까지 뽑거나 멀티탭의 전원을 꺼야 해. 가전제품이 작동하지 않을 때도 소비되는 전력을 '대기 전력'이라고 하는데, 전기를 잡아먹는다고 해서 '전기 흡혈귀'라고도 불러. 대기 전력만 절약해도 전력 소비를 10퍼센트 이상 줄일 수 있어.

전기는 소중한 자원이니까 가전제품을 사용할 때마다 전기를 얼마나 쓰는지 따져 봐야 해. 전기를 낭비하면 내 지갑이 얇아질 뿐만 아니라 지구 환경에도 피해를 입힐 수 있어.

대기 전력이 사용되는 가전제품

- 컴퓨터
- 에어컨
- 인터넷 전화기
- 프린터와 스캐너
- 셋톱박스와 공유기
- (특히 화면이 큰) 텔레비전
- 전자레인지
- 전기밥솥
- 비디오게임 콘솔
- 디브이디(DVD) 플레이어
- 전기장판
- 커피 머신
- 리모컨으로 켜는 선풍기
- 대기 조명이 있는 디지털시계

지구 마을 뉴스

전 세계인이 쓰는 가전제품의 수도 너무 많고 전기도 많이 소비하고 있어. 하루빨리 청정하고 지속 가능한 에너지원을 찾아야 하지. 풍력에너지는 현재 인기 있는 재생에너지 중 하나야. 많은 기업들이 풍력에너지에 투자하고 있단다.

세계의 풍력발전 셋

자연에서 얻는 바람의 힘으로 전기를 만들 수 있어.

1. 미국과 인도를 비롯한 세계 곳곳에 거대한 풍력발전 단지가 건설되고 있어. 그중에서도 바람이 세기로 유명한 중국 고비사막에서 짓고 있는 간쑤 풍력발전 단지가 가장 크지. 이 단지가 완성되면 풍력발전기가 7,000개나 세워질 거야.

2. 영국은 풍력을 이용하기 좋은 나라 중 하나로, 풍력발전기를 육지와 해상에 총 1만 1,000개나 설치했지. 2021년 9월에는 약 800만 가구에 전기를 공급할 수 있는 해상 풍력에너지 생산 계획을 발표하고 투자자를 모집하기도 했어.

3. 케냐 투르카나호의 풍력발전 단지에서는 풍력발전기 365개가 100만 가구가 쓸 수 있는 전력을 생산하고 있어.

에너지와 산업

전 세계적으로 에너지를 가장 많이 쓰는 분야는 무엇일까? 1위는 바로 사람의 생활을 위한 물건을 제조하고 가공하는 산업 분야야. 공장과 산업 단지, 건설 현장 등에서는 기계와 장비를 써야 하고, 이것들을 움직이려면 막대한 에너지가 들지. 이때 지속 가능한 에너지만 사용하는 것은 아니야.

 오염물질을 내뿜는 산업 현장

자동차는 운송업과 관광업, 농업에 필수적이야. 대형 트럭에서 선박과 버스, 항공기, 트랙터와 콤바인까지, 대부분의 기계는 원유로 만든 경유로 움직이지.

중간 규모의 공장들은 주로 제품을 빠르고 싸게 생산하는 기계를 사용하지. 이 기계들은 대부분 재생 불가능한 에너지, 그중에서도 화석연료로 생산된 에너지를 쓰고 있어.

원유에서 불순물을 걸러 내는 정유 산업과 광산, 화학물질 제조업, 금속가공업, 자동차와 플라스틱 제조, 대규모 건설 현장 등은 에너지가 훨씬 더 많이 들어가는 대형 기계를 사용하고 있어. 이런 기계들은 거의 모두 화석연료를 쓰기 때문에 엄청난 양의 오염물질을 대기로 내보내.

한 번 더 생각해 보기

수력발전은 인기가 점점 높아지는 재생에너지야. 전 세계에서 1,300기가와트가 넘는 전기를 수력발전으로 만들고 있어. 수력발전은 지속 가능한 에너지를 무척 많이 생산할 수 있기 때문에 산업 현장에서 쓰는 화석연료를 완전히 대체할 수 있지. 수력발전으로 전기를 많이 생산하는 10개 나라는 다음과 같아.

- 중국 : 356.4기가와트
- 인도 : 50.07기가와트
- 터키 : 28.5기가와트
- 브라질 : 109.06기가와트
- 일본 : 49.91기가와트
- 이탈리아 : 22.59기가와트
- 미국 : 102.75기가와트
- 러시아 : 49.86기가와트
- 캐나다 : 81.39기가와트
- 노르웨이 : 32.67기가와트

세계의 수력발전소 넷

물이 움직이는 힘을 이용하면 엄청난 전력을 만들 수 있어.

1. 현재 수력발전을 이끄는 나라는 중국이야. 세계에서 전력을 가장 많이 생산하는 수력발전소도 중국의 싼샤 수력발전소란다. 이 발전소는 높이 181미터, 길이 2,335미터나 되는데 최대 2만 2,500메가와트시의 전기를 생산하도록 설계되었어.

2. 캐나다 넬슨강에는 키야스크 수력발전소가 있어. 2022년에 모든 발전설비를 완공하면 1년에 약 4,400기가와트시의 전력을 생산할 예정이지.

3. 콩고에서는 발전설비 용량이 가장 큰 수력발전소를 짓기 위해 '잉가사업'을 진행 중이야. 발전소가 완공되면 싼샤댐보다 2배 가까이 많은, 4만 메가와트시를 생산할 수 있어. 이곳에서 생산하는 전력은 콩고는 물론이고 나이지리아와 남아프리카 등 주변 지역에도 공급될 거야.

4. 수력발전의 부작용도 많아. 인위적으로 댐을 만들면서 생태계의 변화를 가져오기도 하고, 댐 하류 지역들은 제방이 터지면 물에 잠길 위험이 있지. 그래서 세계적으로는 보다 작은 규모인 소수력발전을 권장하는 추세야.

파도와 조수

지구에서 물이 가장 많은 곳은 바다야. 바닷물은 가만히 있지 않아. 조수, 즉 밀물과 썰물이 있고 위아래로 파도치며 끊임없이 세차게 움직이지.

바닷물의 움직임으로 지속 가능하고 청정한 전기를 만들 수 있어. 파도의 힘을 이용해 전기를 만드는 것을 파력발전이라 하고, 조수의 힘으로 전기를 일으키는 것을 조력발전이라고 부른단다.

파도
- 파도는 바람이 물의 표면을 밀어서 생기는 물결이야.
- 바람이 셀수록 파도가 높아지지.
- 별로 높지 않은 파도로도 전기를 만들 수 있어.
- 파도는 쓰레기와 오염물질을 전혀 배출하지 않는데다 공짜인 에너지원이야.

부표
- 물에 떠 있는 기구야.
- 부표는 파도를 타고 위아래로 움직이면서 운동에너지라고 하는 운동의 힘을 전기로 바꿀 수 있어.
- 또한 부표는 파도의 방향과 속도에 대한 정보를 수집할 수 있지.

변환기
- 파도의 에너지를 전기로 바꾸려면 특별한 장치가 필요한데, 이것을 파력에너지 변환기 또는 컨버터라고 해.
- 사진에 보이는 변환기는 너비가 5미터이고, 물 위로 올라온 6미터를 포함해 높이가 총 42미터야.
- 떠내려가지 않도록 긴 케이블로 연결해 바다 밑에 고정했지.
- 높이가 12미터나 되는 파도도 견딜 수 있어.
- 최대 500메가와트의 전기를 만들 수 있는 파력에너지 변환기도 있어.

다른 형태의 변환기

- 원기둥처럼 생긴 기계 여러 개를 경첩으로 연결해 물에 둥둥 떠 있는, 지네처럼 생긴 변환기도 있어.
- 파도가 출렁이면 경첩이 벌어졌다 붙었다 하는 운동 에너지로 발전기를 돌려서 전기를 만드는 거야.

가나에 있는 '아다포아 파력발전 단지'는 아프리카 최초의 파력발전 시설이야. 이것이 완공되면, 발전기와 연결된 수많은 부표가 파력에너지를 전기로 바꾸는 역할을 할 거야. 이 발전 단지는 수만 가구에 청정하고 지속 가능한 전기를 공급할 예정이지. 또한 해양 생물이 정착해서 살 수 있는 인공 어장이 될 수도 있어.

스코틀랜드 북쪽 해안에는 바다 밑바닥에 고정된 거대한 터빈 4개가 빠른 조류를 이용해서 만든 전기를 4,000가구에 공급하고 있어. 앞으로 250개의 터빈으로 17만 5,000가구에 전기를 공급하는 것이 목표야.

조수

- 조수는 달과 태양의 인력(서로 끌어당기는 힘) 때문에 하루에 두 번씩 해수면의 높이가 높아졌다(밀물) 낮아졌다(썰물) 하는 현상이야.
- 조력, 즉 밀물과 썰물의 차이로 일어나는 힘은 하루에 10시간만 이용할 수 있지만, 태양광이나 풍력보다 예측하기 쉽다는 장점이 있어.
- 과학자와 기술자들은 좀 더 싼 비용으로 조력 에너지를 이용하는 방법을 찾는 중이야.
- 조력은 풍력에 비해 크기가 작은 터빈으로 더 강력한 에너지를 만들 수 있어.

방조제

- 방조제는 원래 조수의 피해를 막기 위해 바닷가에 쌓은 둑이지만 최근에는 조력발전에 이용하고 있어.
- 보통 밀물 때 들어온 물을 방조제 안에 가두었다가 썰물 때 수문을 열어 물을 떨어뜨리는 힘으로 발전기를 돌리지. 반대로 밀물 때만 전기를 만들기도 해.
- 밀물과 썰물 때 방조제 안으로 드나드는 물의 흐름을 이용해 전기를 생산하는 방법도 있어.

터빈

- 터빈은 물레방아나 선풍기 날개처럼 생긴 기계장치야.
- 조류발전은 바닷물의 흐름이 빠른 곳에 터빈을 설치해서 강력한 물살의 힘으로 전기를 만드는 거야.
- 날개가 회전하는 힘이 발전기로 전달되어 전기가 생성되지.
- 생산한 전력은 케이블을 통해 육지로 보내.

고갈되는 화석연료

화석연료는 지속 가능한 에너지원이 아니야. 우리가 쓰는 만큼 줄어들어서 언젠가는 고갈될 거야. 어떤 것은 우리가 죽기 전에 바닥날지도 몰라.

따라서 대체 에너지원을 더 많이 늘리고 에너지를 최대한 효율적으로 사용할 수 있는 기술을 발전시켜야 한단다.

 ## 시간 문제야

세계적인 석유 기업들의 자료에 따르면, 현재 전 세계 석유 매장량은 약 1조 6,500억 배럴 정도야. 만약 지금처럼 석유를 쓴다면 약 48년 뒤에 석유는 바닥나고 말 거야.

많은 나라가 여전히 재생에너지를 생산하는 산업보다 화석연료 산업을 더 많이 지원하고 있어.

이렇다 보니 기업 입장에서는 환경에 좋은 재생에너지를 쓰는 것보다 화석연료를 사용하는 것이 더 편하고 싸기 때문에 이득인 셈이야.

지속 가능한 에너지를 위한 유엔의 목표를 약속한 시간 안에 달성하려면 이런 상황을 빨리 바꿔야만 해.

지난 30년 동안 전력을 생산할 때 사용한 에너지원의 양에 변화가 생겼어. 그래프를 보면 석탄과 석유, 원자력은 줄어들고 점차 태양열과 풍력, 지열, 바이오연료 등 재생 가능한 에너지원의 사용량이 늘고 있지. 하지만 이 정도로는 부족하기 때문에 화석연료의 사용을 줄이기 위해 더 열심히 노력해야 한단다.

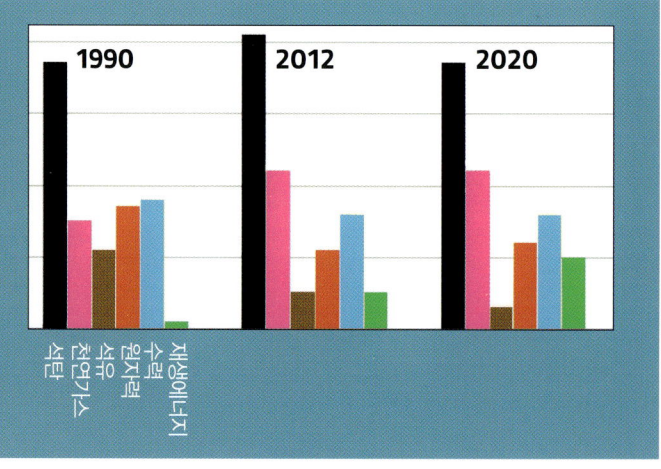

재생 가능한 바이오연료 넷

화석연료를 대체할, 재생 가능한 에너지원에는 생물과 관련된 것도 있어.

1. 스웨덴에는 이른바 '쓰레기를 에너지로 바꾸는 발전소'가 34개나 있어. 이 발전소에서는 800도가 넘는 열을 내는 거대한 보일러로 음식물 쓰레기 같은 유기성 폐기물과 박테리아나 곰팡이 같은 생물에 의해 쉽게 분해되는 생분해성 폐기물을 태워 전기를 만들지. 바이오매스라 불리는 이 에너지원은 전력을 공급할 뿐 아니라 쓰레기 매립지에 쌓이는 쓰레기의 양을 줄이는 효과가 있어.

2. 다시마, 미역 등의 해조류는 잘 자라는데다 기름도 많이 생산할 수 있어서 바이오매스로 빠르게 성장 중이야. 터키와 아일랜드는 '맵퓨얼(MABFUEL)'이라는 사업을 통해 해조류에서 뽑아낸 기름을 바이오연료로 바꾸는 방법을 찾아냈어.

3. 가축의 배설물은 자동차와 공장의 기계를 움직일 때 필요한 천연가스의 원료로 쓸 수 있어. 생물비료로 만들어 농사에 활용할 수도 있지.

4. 감자와 옥수수처럼 바이오연료로 만들 수 있는 농작물을 '에너지 작물'이라고 불러. 바이오연료는 원료와 만드는 방법에 따라 바이오에탄올과 바이오디젤 등으로 나뉘지. 하지만 식용작물을 에너지로 전환하면 식량 부족 등의 문제가 발생할 수 있어. 그래서 요즘에는 볏단이나 쌀겨 등 작물 찌꺼기나 비식용작물을 원료로 이용한단다.

냉난방 장치

보통 여름에는 에어컨을 켜고 겨울에는 보일러를 틀지. 더울 때는 시원하게, 추울 때는 따뜻하게 살기 위해 에너지를 쓰는 거야.

냉방 장치와 난방 장치는 연료를 많이 사용하는데, 대부분 이산화탄소를 배출하는 기름이나 가스, 전기로 작동하지. 문제는 우리가 냉난방 장치를 지나치게 많이, 꼭 필요하지 않은 때에도 사용한다는 점이야.

 ## 너무 많이 쓰잖아

선진국의 가정에서는 냉난방 장치에 많은 에너지를 쓰고 있어. 전기로 난방을 하는 경우 가정 전체 전기 사용량의 40퍼센트까지 차지하기도 해. 온수를 사용하면 여기서 14퍼센트가 추가되지.

유엔의 자료에 따르면 전 세계의 에어컨 판매량이 빠르게 늘고 있어. 앞으로 30년 동안 1초에 10대꼴로 에어컨이 팔릴 것으로 예상하고 있어. 그리고 2050년이 되면 에어컨과 냉장고에서 배출되는 온실가스가 2017년과 비교해 90퍼센트까지 증가할 가능성이 크단다.

에너지 소비 줄이기

- 집 안의 온도를 여름에는 섭씨 24도, 겨울에는 섭씨 18도 유지하기.
- 여름에는 커튼을 쳐서 열기를 차단하고, 겨울에는 커튼을 열어서 햇빛을 들이기.
- 모든 냉난방 장치를 정기적으로 점검하고 수리하기.
- 겨울에는 따뜻하게, 여름에는 가볍게 옷 입기.
- 창이나 문에 문풍지 대기.
- 일정한 온도를 유지하기 위해 벽과 지붕에 단열재 넣기.

지구 마을 뉴스

지열을 이용해 가정의 냉난방을 하는 것도 좋은 방법이야. 지열은 지구 안에서 흘러나오는 열이야. 지열로 데워진 땅속의 물과 증기를 이용해 전기를 만드는 것이 바로 지열발전이란다. 이 전기로 냉난방 장치를 사용할 수 있어.

세계의 지열발전소 셋

땅속의 지열을 모아서 청정한 에너지원으로 사용할 수 있어.

1. 미국 캘리포니아주 마야카마스산맥에 있는 간헐천(뜨거운 물이 나왔다 멎었다 하는 온천) 단지는 지열에너지를 세계에서 가장 많이 만드는 곳이야. 22개나 되는 지열발전소가 약 1,520메가와트시의 청정한 전기를 만들어서 지역 내 가정과 공장에 공급하고 있어.

2. 스위스는 정부 건물의 난방에 지열에너지를 이용하고 있어. 매글링겐에 있는 국립스포츠센터의 경기장과 기숙사, 훈련 시설, 스포츠 의학실, 사무실 등에 지하 1,300미터에서 끌어온 지열에너지가 공급되지. 가스 대신 청정한 에너지를 사용한 결과, 이산화탄소 배출량이 90퍼센트 넘게 줄었어.

3. 아이슬란드의 헬리셰이디 발전소는 세계에서 세 번째로 큰 지열발전소야. 전기 303메가와트시와 온수를 생산해서 레이캬비크 지역에 공급하고 있어. 근처의 탄소포집 시설인 오르카에서는 이산화탄소를 모아서 땅속 깊이 저장할 때 지열에너지를 사용해.

환경을 오염시키는 연료

대부분의 연료는 에너지를 만들기 위해 태우는 과정을 거쳐야 해. 이때 공기를 오염시키고 환경을 위협하는 온실가스와 이산화탄소가 나오지. 과학자들은 해로운 물질을 전혀 배출하지 않음으로써 공기를 더 깨끗하고 안전하게 만들 에너지원을 찾기 위해 열심히 노력하고 있어.

 ## 자동차가 문제야

화석연료를 쉼 없이 태우다 보니 대기 중 온실가스도 계속 증가하고 있어. 유엔에 따르면, 온실가스 배출량의 큰 비중을 차지하는 것은 도로를 달리는 자동차야.

현재 예상으로는 2050년까지 전 세계 자동차 수가 3배나 늘어날 거야. 만약 그 대부분이 화석연료를 계속 사용한다면 온실가스의 배출량도 심각하게 증가하겠지. 그러니까 지금 당장 대체 에너지를 사용해야 해.

미국은 에너지를 아주 많이 쓰는 나라야. 미국의 온실가스 배출 1위 분야는 자동차 등의 운송 수단이고, 2위는 전력 생산 과정이야. 그리고 현재 전력의 약 62퍼센트는 화석연료를 태워서 만들고 있어.

외국 여행이 점점 쉬워지고 비용도 내려가면서 갈수록 더 많은 사람이 비행기 여행을 즐기고 있어. 그런데 탄소 배출량을 줄이려는 세계의 노력에 큰 걸림돌이 되는 것이 바로 항공업이야. 대부분의 비행기가 화석연료를 쓰기 때문이지. 과학자들은 더 깨끗한 대체 연료를 개발하기 위해 노력 중이야.
요즘 대체 에너지원으로 떠오르는 것이 바로 수소란다. 수소도 생산 방식에 따라 나뉘는데, 재생에너지 전력을 이용해 수전해 방식으로 생산할 때의 수소를 그린수소라 불러. 그린수소만이 무공해 수소란다. 태국과 독일, 이탈리아 공동연구팀은 재생에너지로 생산한 전기로 물에서 수소를 분리해 내는 장치를 고안했어. 무공해 수소는 비행기와 여러 교통수단의 연료로 쓰일 뿐만 아니라 가정의 난방과 공장의 기계를 가동하기 위한 에너지로 사용될 수 있어.

지구 마을 뉴스

녹색수소 생산 시설 넷

에너지 회사와 자동차 회사들은 환경에 해로운 화석연료를 청정한 수소로 대체할 방법을 연구하고 있어.

1. '녹색수소' 또는 '그린수소'라고 부르는 청정한 수소연료는 환경에 거의 아무런 해도 끼치지 않아. 전기분해 장치라는 특수한 기기를 사용해 물에서 산소와 수소를 분리한 다음 산소는 공기 중으로 안전하게 내보내기 때문이야.

2. 중국의 내몽골 자치구는 태양광에너지 1.85기가와트와 풍력에너지 370메가와트를 이용해 매년 6만 6,900톤의 녹색수소를 만들 계획이야. 계획대로 된다면 매년 자동차 등에 사용하는 6억 8,000만 리터 이상의 휘발유를 청정에너지로 대체할 수 있어.

3. 캐나다는 수소를 가장 많이 생산하는 나라 중 하나로, 퀘벡주 베캉쿠르에 현재 가장 큰 수소 생산 단지가 있어. 여기서는 풍력과 태양광, 수력발전으로 생산한 전력을 이용해 비싸지 않고 깨끗한 수소를 만들고 있지. 수소 중 일부는 연료전지를 이용해 전기로 바꾸고, 나머지는 가스로 사용한단다.

4. 프랑스 영토인 기아나에서 세계 최대 수소발전소를 짓고 있어. 이 발전소에서는 태양광발전으로 생산한 전기로 대형 전기분해 장치를 가동해 녹색수소를 만들 예정이지. 1년 내내 발전소를 돌려서 낮에는 10메가와트시, 밤에는 3메가와트시의 전기를 비싸지 않은 가격으로 제공할 계획이야.

녹색 = 맑고 깨끗해!

모든 지구인을 위한 재생에너지

생태 도시의 삶

유엔의 지속가능발전목표 중 청정에너지를 사용하는 목표를 달성하려면 화석연료의 사용을 줄이는 한편 재생에너지의 가격을 내리는 방법을 찾아야 해. 그 방법 중 하나는 도시 전체에서 청정한 재생에너지만 사용하고 환경오염과 모든 종류의 폐기물을 줄이는 기술을 갖추도록 도시를 설계하는 거야. 이런 도시를 '생태 도시'라고 부른단다.

생태 도시의 시민은 이동할 때 되도록 걷거나 자전거와 대중교통을 이용하고, 도시 안이나 도시 가까이에서 생산한 식품을 먹어. 또한 건강한 환경을 만들고 야생동물이 잘 자라도록 공원과 녹지를 보호하지.

사람들이 공동체를 이루어 여러 시설을 함께 쓰면 에너지를 아낄 수 있어.

옥상 텃밭

에너지 절약 건물

녹지

바이오매스 판매소

메탄발전

지열발전

모든 건물에 스마트 기술을 적용해서 조명과 냉난방을 자동으로 조절하면 에너지를 효율적으로 사용할 수 있어. 회사에서는 주기적으로 재택근무를 실시하거나, 직원들이 회의에 참석하느라 사무실로 직접 오가는 일을 줄이기 위해 원격 업무 기술을 활용하지.

스마트 기술

단열 효과를 높이는 옥상 정원

수소연료

지속 가능한 건축

모든 집은 지속 가능한 재료로 짓고, 효율적인 단열 방식과 상수도 시설을 갖추고 있어.

모든 쓰레기를 재사용해서 바이오 연료로 만든 다음 전기를 생산하거나 난방에 활용할 수 있어.

단열 처리된 건물

풍력발전 단지

녹지

전기 열차

태양 전지판

자전거 도로

재활용 센터

에너지 작물

태양광 도로

수력발전

이산화탄소 저장소

성공적인 모범 사례

많은 나라가 화석연료 대신 청정에너지를 사용하기 위해 노력하면서 큰 성과를 거두고 있어. 그중 노르웨이와 덴마크, 칠레의 이야기를 소개할게.

노르웨이의 재생에너지

노르웨이는 재생에너지의 생산 비율이 가장 높은 나라야. 거의 모든 전기를 수력발전으로 생산하고, 육지와 해상의 풍력발전을 비롯해 파력발전과 나무에서 얻는 바이오에너지도 이용하고 있어. 또한 태양 전지판을 만드는 태양광 실리콘과 태양전지를 가장 많이 생산하는 나라 중 하나이기도 하지.

덴마크의 풍력에너지

덴마크는 지난 20년 동안 석탄의 사용량을 줄이고 풍력에너지의 공급을 늘렸어. 2021년에는 온실가스 배출량 감소와 재생에너지 사용 증가, 기후 정책 측면에서 가장 우수한 10개 나라 중 하나로 뽑혔지. 또한 이 모든 것을 종합해서 세계 각국의 환경과 기후 정책을 평가하는 기후변화대응지수에서 1위를 차지했단다.

재생에너지에 투자하는 칠레

칠레는 2021년 기후변화대응지수에서 9위를 차지했어. 낮은 온실가스 배출량과 재생에너지 사용 부문에서 높은 점수를 얻어 전 세계의 모범이 되었지. 칠레가 주로 사용하는 재생에너지는 수력과 풍력, 바이오매스, 지열이야. 그리고 대규모 태양광발전소가 있어서 태양에너지도 많이 이용하고 있지. 여러 사업의 성공 덕분에 칠레는 2025년까지 재생에너지의 사용률을 20퍼센트 늘린다는 목표를 이미 달성했어.

생활 속 실천 방법 셋

우리도 에너지를 아끼고 환경을 보호하기 위해 할 일이 있단다.
1. 보일러와 에어컨을 덜 사용하기.
2. 에너지가 필요한 일을 줄이기.
3. 되도록 지속 가능한 에너지를 선택하기.

아직 남은 과제

많은 나라들이 노력하고 있지만 아직도 남은 과제가 많단다. 우리는 지속 가능한 발전을 위해 더욱 노력해야 해.

찾아보기

간쑤 풍력발전 단지 19
간헐천 27
경유 16, 20
기가와트(GW) 7, 20, 29
기가와트시(GWh) 17, 21
기후변화 7, 10
기후변화대응지수 32
레-카르길 태양광발전사업 17
맵퓨얼(MABFUEL) 25
메가와트(MW) 7, 22, 29
메탄 13, 15
모하메드 빈 라시드 알막툼 태양광발전 단지 17
바이오가스 15
바이오디젤 15, 25
바이오매스 15, 25, 30, 32
바이오에탄올 15, 25
바이오연료 9, 24, 25, 31
발전기 14, 23
방조제 23
배기가스 10
배터리 11, 17
변환기 22, 23
부표 22, 23
생태 도시 30
석유 8, 9, 11, 24

선케이블 17
수력발전 14, 20, 21, 29, 31, 32
수소 28, 29, 31
스토어닷 17
싼샤수력발전소 21
아다포아 파력발전 단지 23
아프리카개발은행 11
아프리카 지속가능에너지기금 11
아황산가스 10
에너지 작물 25, 31
온실가스 7, 9, 12, 15, 26, 28, 32
운동에너지 22, 23
이산화탄소 10, 11, 12, 13, 16, 26, 27, 28, 31
잉가사업 21
재생에너지 8, 9, 14, 15, 18, 20, 24, 28, 29, 30, 32
전기 열차 31
전기 자동차 11, 16, 17
전기 흡혈귀 18
전기분해 장치 29
조력 23
조수 22, 23
지구온난화 10, 11
지속 가능한 에너지 11, 18, 20, 24, 32
지열에너지 15, 27
키아스크 수력발전소 21

킬로와트(KW) 7
탄소 발자국 12, 13
태양 전지판 11, 14, 17, 31, 32
태양광발전 11, 17, 29, 32
터빈 23
테라와트(TW) 7, 8
퇴비 13
투르카나호 풍력발전 단지 19
파도 22
파력에너지 22, 23
풍력발전 14, 19, 31, 32
헬리셰이디 발전소 27
호주-아세안 파워링크 17
화석연료 8, 9, 10, 11, 15, 16, 20, 24, 25, 28, 29, 30, 32
환경오염 7, 12, 30
휘발유 16, 29

글 | 새런 테일러
작가이자 교사로 골드스미스대학교와 데몬트포트대학교에서 공부하고, 2006년에 박사 학위를 받았습니다. 브램블키즈 출판사에서 출간한 여러 과학 책과 연극·예술 관련 책에서 작가이자 편집자, 디자이너로 활약했습니다.

그림 | 엘리사 로치
이탈리아 볼로냐에서 태어났습니다. 어릴 때부터 그림 그리기와 이야기 짓기를 좋아했고, 볼로냐의 예술 고등학교와 예술 아카데미에 다니면서 그림 기법을 닦았습니다. 현재 밀라노에서 살며 어린이 책의 삽화를 그리고 있습니다.

옮김 | 김영선
서울대학교 영어교육과를 졸업하고, 미국 코넬대학교에서 문학 석사 학위를 받았으며 언어학 박사 과정을 수료했습니다. 2010년 《무자비한 윌러비 가족》으로 IBBY(국제아동도서위원회) 어너리스트(Honour List) 번역 부문의 상을 받았습니다. 어린이와 청소년을 위한 책을 우리말로 옮기는 일에 힘쓰며 지금까지 200여 권을 번역했습니다. 옮긴 책으로 《제로니모의 환상 모험》, 《구덩이》, 《수상한 진흙》, 《수요일의 전쟁》 등이 있습니다.

감수 | 윤순진
서울대학교 환경대학원 교수이며 한국환경사회학회 회장과 지속가능발전위원회 위원장을 역임하였습니다. 환경 에너지 문제와 기후변화 문제를 환경사회학과 정치경제학적 관점에서 연구하고 있으며, 국내외 학술지에 200여 편의 논문을 게재했고 60여 권의 국영문 단행본 출간에 공저자로 글을 발표하였습니다.

슬기로운 지구 생활
02 청정에너지

초판 1쇄 인쇄 2022년 5월 4일 **초판 1쇄 발행** 2022년 5월 25일

글쓴이 새런 테일러 **그린이** 엘리사 로치 **옮긴이** 김영선 **감수** 윤순진
펴낸이 김선식

경영총괄 김은영
어린이사업부총괄이사 이유남
어린이콘텐츠사업6팀장 윤지현 **어린이콘텐츠사업6팀** 강별
어린이디자인팀 남희정 남정임 이정아 김은지 최서원
어린이마케팅본부장 김창훈 **어린이마케팅1팀** 임우섭 최민용 김유정 송지은 **어린이 마케팅2팀** 문윤정 이예주
저작권팀 한승빈 김재원 이슬
경영관리본부 하미선 이우철 박상민 윤이경 김재경 최완규 이지우 김혜진 오지영 김소영 안혜선 김진경
물류관리팀 김형기 김선진 한유현 민주홍 전태환 전태연 양문현
외부스태프 편집 홍효은 **디자인** 러비

펴낸곳 다산북스 **출판등록** 2005년 12월 23일 제313-2005-00277호
주소 경기도 파주시 회동길 490 **전화** 02-704-1724 **팩스** 02-703-2219
다산어린이 카페 cafe.naver.com/dasankids **다산어린이 블로그** blog.naver.com/sdasan
용지 한솔피엔에스 **인쇄** 한영문화사 **제본** 대원바인더리 **코팅 및 후가공** 평창피앤지

ISBN 979-11-306-8893-0 74400 979-11-306-8891-0 (세트)

* 책값은 표지 뒤쪽에 있습니다.
* 파본은 본사와 구입하신 서점에서 교환해 드립니다.
* KC마크는 이 제품이 공통안전기준에 적합하였음을 의미합니다.

All Together : Clean Energy
Copyright © 2021 BrambleKids Ltd
Korean translation copyright © 2022 Dasan Books
Korean translation rights arranged with BrambleKids Ltd through LENA Agency, Seoul.
All rights reserved.

이 책의 한국어판 저작권은 레나 에이전시를 통한 저작권자와 독점계약으로 다산북스가 소유합니다.
신저작권법에 의하여 한국 내에서 보호를 받는 저작물이므로 무단 전재 및 복제를 금합니다.